D0885616

PIGMENTS

•

NÉVRALGIES

PIGMENTS, avec une préface de Robert Desnos et un bois gravé de Franz Masereel, G.L.M. éditeur, 1937. (Ouvrage saisi et interdit, en 1939, pour atteinte à la sûreté de l'Etat.)

RETOUR DE GUYANE, documentaire, José Corti, 1938.

VEILLÉES NOIRES, contes nègres de Guyane, Stock, 1943.

POÈTES D'EXPRESSION FRANÇAISE, Ed. du Seuil, 1947.

POÈMES NÈGRES SUR DES AIRS AFRICAINS, G.L.M., 1948.

GRAFFITI, poèmes, Seghers, collection P.S., 1952.

BLACK LABEL, poèmes, collection Blanche N.R.F., 1956.

PIGMENTS, édition définitive, avec une préface de Robert Goffin et un dessin hors-texte de Max Pinchinat, réédition Présence Africaine, 1962.

NÉVRALGIES, poèmes, Editions Présence Africaine, 1966.

L.-G. DAMAS

PIGMENTS
·
NÉVRALGIES

Édition définitive

Dessin hors-texte
de Max Pinchinat

PRÉSENCE AFRICAINE
25 bis, rue des Écoles, 75005 Paris
64, rue Carnot, Dakar

ISBN 2-7087-0594-6

© Éditions Présence Africaine, 1972

PIGMENTS

le sang fertile a inspiré Placido, Pouchkine, Alexandre
ou Machado de Assis, entr'autres.

en voilà assez ! J'attendais le message des frères noirs de
et de culture françaises, ces fils du rythme africain qui
celé tout le continent au-delà de l'Atlantique !
is été charmé par Nicolas Guillen, Jacques Roumain et
ésaire, mais aujourd'hui, le bonheur m'est donné de
ier avec le premier des poètes noirs qui, venu de cet
pays qu'est la Guyane, apporte à l'Europe et au domaine
ses incantations de courage, et de résistance au nom
e exploitée ! Il l'anoblit de ses chants revendicateurs. Il
colère en mots de feu. Il brasse son émoi en poèmes qui
t l'âme noire elle-même.
salué l'art nègre des sculpteurs anonymes, le jazz de
olden, j'avais frémi aux mélopées charnelles de Billie
; comment ne tressaillirais-je pas aux puissances ver-
Léon-Gontran DAMAS dont les mots en prise-directe
tout droit du cœur même de cette Afrique déracinée ?
n héros de cette race d'hommes que j'aime et qui est au
ma raison de vivre !
e, en DAMAS, le frère flamboyant du grand Louis
g et de ceux qui, brûlant du génie de la Négritude,
ne nouvelle aurore poétique sur une humanité meil-

uis cruellement trompé ; ce n'est pas une joie pour moi
er L.-G. DAMAS, le poète nègre qui est fier d'être
t un honneur à l'intégrité humaine que je revendique ;
ercie amicalement du fond du cœur.

Robert GOFFIN.

PRÉFAC

Ce qui m'émeut, c'est le battem
déracinée qui, au bout du carcan
que jamais sa profonde vitalité cré

C'est pour cela que je crois a

En affirmant la pérennité de la
de race, qui n'a rien à voir avec
constitue une sorte de revanche e
lité et l'épaisseur des peuples ca
méprise.

J'étais bien jeune, quand j'eu
nègre, cet art qui vient tout dr
je me réjouissais quand le grand
« dormir parmi ses fétiches d'O
d'une nouvelle espérance. Et co
fond de moi-même ?

J'avais, le premier, entendu
soleil, que Buddy Bolden ava
deux siècles d'exil, un jour qu
de la Nouvelle-Orléans. Et im
que avaient retrouvé l'héritage
je tâtai le pouls d'une nouvel

Déjà, dans mon livre « A
duit des vers de Langston I
puis, dans « Négro », l'ency
crié toute ma solidarité agi
a donné des génies comme
Roll Morton, Duke Ellingto

et don
Dumas
Mais
langue
a ensor
J'ava
Aimé
commu
étrange
français
de sa ra
livre sa
exprimer
J'avais
Buddy B
Holliday
bales de
viennent
Il est u
centre de
Je salu
Armstron
ouvrent u
leure !
Je me s
de présent
nègre, c'es
et je le re

« *Be not deceived, for every deed you do I could match, outmatch : Am I not Africa's son. Black of that black land where black deeds are done.* »

Claude MAC KAY.

ILS SONT VENUS CE SOIR

Pour Léopold-Sedar Senghor

Ils sont venus ce soir où le
tam
    tam
        roulait de
            rythme
                en
                    rythme
                        la frénésie
des yeux
la frénésie des mains
la frénésie
des pieds de statues
DEPUIS
combien de MOI MOI MOI
sont morts
depuis qu'ils sont venus ce soir où le
tam
    tam
        roulait de
            rythme
                en
                    rythme
                        la frénésie
des yeux
la frénésie
des mains
la frénésie
des pieds de statues

CAPTATION

Le parfum frêle
de la femme qui me frôle
dans son chemin d'indifférence
me remet au matin de notre erreur

Sillon nouveau
d'incantations fugitives muettes
à la poursuite d'un semblant de rêve
résonne
          tristesse d'un jour qui n'en finit d'être
à peine plus las
le glas
de notre rêve

La chair exorcisée
entame
        émiette
            et mange
le souvenir
ravivé
debout
de tout semblant de rêve

Et dans mon lit d'enthousiasme
mouillée comme toi
la femme au parfum frêle
qui m'a frôlé
dans son chemin d'indifférence
m'a répondu
dans un grand bruit de sens repus

A LA MÉMOIRE DE G. M.

Accoudés au désir de la veille insatisfait
d'où nous venait l'encens sporadiquement têtu
la marée était basse
tout vol de flamants sans importance
et la voix du phare à des milles
plus forte
que l'incendie crépusculaire
des palétuviers

Longtemps
longtemps tes mains s'époumonneront à rompre avec tout
avec les heures   [calcul
ces heures au bout desquelles
nous étions
deux citrons pressés

Contre l'exagération
de la servilité du sable
des amandiers de l'Anse
des moustiques
des crapauds-bœufs
des lucioles qui ne comprenaient pas
la démonstration
j'ai donné des années d'efforts
de l'épaisseur verticale
de toutes les Tours Eiffel

OBSESSION

Un goût de sang me vient
un goût de sang me monte
m'irrite le nez
la gorge
les yeux

Un goût de sang me vient
un goût de sang m'emplit
le nez
la gorge
les yeux

un goût de sang me vient
âcrement vertical
pareil
à l'obsession païenne
des encensoirs

NÉVRALGIE

Névralgie d'un robinet qui coule
emplit le broc de ma concierge
qu'un arc-en-ciel aspire

Fermez la névralgie du robinet qui coule
emplit le broc de ma concierge
qu'un arc-en-ciel aspire

Enlevez du robinet qui coule
le broc de ma concierge
qu'un arc-en-ciel aspire

Ou coupez de la main jusqu'au coude
l'arc-en-ciel qui aspire
le broc de ma concierge
qu'emplit la névralgie
d'un robinet qui coule

TRÊVE

Trêve de blues
de martèlements de piano
de trompette bouchée
de folie claquant des pieds
à la satisfaction du rythme

Trêve de séances à tant le swing
autour de rings
qu'énervent
des cris de fauves

Trêve de lâchage
de léchage
de lèche
et
d'une attitude
d'hyperassimilés

Trêve d'un instant
d'une vie de bon enfant
et de désirs
et de besoins
et d'égoïsmes
particuliers.

IL EST DES NUITS

Pour Alejo Carpentier

Il est des nuits sans nom
il est des nuits sans lune
où jusqu'à l'asphyxie
moite
me prend
l'âcre odeur de sang
jaillissant
de toute trompette bouchée

Des nuits sans nom
des nuits sans lune
la peine qui m'habite
m'oppresse
la peine qui m'habite
m'étouffe

Nuits sans nom
nuits sans lune
où j'aurais voulu
pouvoir ne plus douter
tant m'obsède d'écœurement
un besoin d'évasion

Sans nom
sans lune
sans lune
sans nom
nuits sans lune
sans nom sans nom
où le dégoût s'ancre en moi
aussi profondément qu'un beau poignard malais.

POSITION

Pour J. D.

Les jours eux-mêmes
ont pris la forme
des masques africains
indifférents
à toute profanation
de chaux vive
qu'encense
un piano
répétant la rengaine
d'un clair de lune à soupirs
tout format
dans les halliers
gondoles
et cætera

LE VENT

Pour Henriette et Jean-Louis Baghio'o

Sur l'océan
            nuit noire
je me suis réveillé
épris
sans jamais rien saisir
de tout ce que racontait le vent
sur l'océan
            nuit noire

Ou bien le vent repasse sa leçon du lendemain
ou bien le vent chante des trésors enfouis
ou bien le vent fait sa prière du soir
ou bien le vent est une cellule de fous
sur l'océan
            nuit noire
pendant qu'un bateau foule l'écume
et va
va son destin de roulure.
sur l'océan
            nuit noire

EN FILE INDIENNE

Et les sabots
des bêtes de somme
qui martèlent en Europe
l'aube indécise encore
me rappellent
l'abnégation étrange
des trays matineux
repus
qui rythment aux Antilles
les hanches des porteuses
en file indienne

Et l'abnégation étrange
des trays [1] matineux
repus
qui rythment aux Antilles
les hanches des porteuses
en file indienne
me rappellent
les sabots
des bêtes de somme
qui martèlent en Europe
l'aube indécise encore

---

1. Terme anglais passé dans le langage créole et gardant le même sens : plateau à légumes, à gâteaux, en bois, de forme rectangulaire, à bords très relevés.

DANS SON ATTENTE

Des essieux crient leur fatigue à des gants blancs
qui s'en balancent
à tant d'œillardes
par ambulance
de lèvres rouges
et la suite

Avant d'arriver aux fumées cylindriques
aux antennes à javas
et
roucoulements d'épileptiques
d'abord
des reliures d'une sagesse de puceaux
et puis et puis
une serviette
qui éponge des orteils
en forme
de sucre d'orge

Encore un flic pour remplir l'oreille
d'un casse-tête à chômeurs
ventres que gonfle
l'internationale
sans métronome

Histoire d'un troisième étage
la jeune mariée enfin s'est emparée
d'un chien
dans le besoin de s'ouvrir à quelqu'un

Et le voyou siffle la nouveauté
sans parler des scrupules d'un réveil
avec trois heures de retard

HOQUET

Pour Vashti et Mercer Cook

Et j'ai beau avaler sept gorgées d'eau
trois à quatre fois par vingt-quatre heures
me revient mon enfance
dans un hoquet secouant
mon instinct
tel le flic le voyou

Désastre
parlez-moi du désastre
parlez-m'en

Ma mère voulant d'un fils très bonnes manières à table
    Les mains sur la table
    le pain ne se coupe pas
    le pain se rompt
    le pain ne se gaspille pas
    le pain de Dieu
    le pain de la sueur du front de votre Père
    le pain du pain

Un os se mange avec mesure et discrétion
un estomac doit être sociable
et tout estomac sociable
se passe de rots
une fourchette n'est pas un cure-dents
défense de se moucher
au su
au vu de tout le monde
et puis tenez-vous droit
un nez bien élevé
ne balaye pas l'assiette

Et puis et puis
et puis au nom du Père
            du Fils
            du Saint-Esprit
à la fin de chaque repas

      Et puis et puis
      et puis désastre
parlez-moi du désastre
parlez-m'en

Ma mère voulant d'un fils mémorandum

      Si votre leçon d'histoire n'est pas sue
      vous n'irez pas à la messe
      dimanche
      avec vos effets des dimanches

      Cet enfant sera la honte de notre nom
      cet enfant sera notre nom de Dieu

Taisez-vous
Vous ai-je ou non dit qu'il vous fallait parler français
le français de France
le français du français
le français français

Désastre
parlez-moi du désastre
parlez-m'en

Ma Mère voulant d'un fils
fils de sa mère

    Vous n'avez pas salué voisine
    encore vos chaussures de sales
    et que je vous y reprenne dans la rue
    sur l'herbe ou la Savane
    à l'ombre du Monument aux Morts
    à jouer
    à vous ébattre avec Untel
    avec Untel qui n'a pas reçu le baptême

Désastre
parlez-moi du désastre
parlez-m'en

Ma Mère voulant d'un fils très do
    très ré
    très mi
    très fa

très sol
très la
très si
très do
ré-mi-fa
sol-la-si
do

Il m'est revenu que vous n'étiez encore pas
à votre leçon de vi-o-lon
Un banjo
vous dîtes un banjo
comment dîtes-vous
un banjo
vous dîtes bien
un banjo
Non monsieur
vous saurez qu'on ne souffre chez nous
ni ban
ni jo
ni gui
ni tare
les *mulâtres* ne font pas ça
laissez donc ça aux *nègres*

UN CLOCHARD M'A DEMANDÉ DIX SOUS

Moi aussi un beau jour j'ai sorti
mes hardes
de clochard

Moi aussi
avec des yeux qui tendent
la main
j'ai soutenu
la putain de misère

Moi aussi j'ai eu faim dans ce sacré foutu pays
moi aussi j'ai cru pouvoir
demander dix sous
par pitié pour mon ventre
creux

Moi aussi
jusqu'au bout de l'éternité de leurs
boulevards à flics
combien de nuits ai-je dû
m'en aller
moi aussi
les yeux creux

Moi aussi
j'ai eu faim les yeux creux
moi aussi j'ai cru
pouvoir demander dix sous
les yeux
le ventre
creux
jusqu'au jour où j'en ai eu
marre
de les voir se gausser
de mes hardes de clochard
et se régaler
de voir un nègre
les yeux ventre creux

SOLDE

Pour Aimé Césaire

J'ai l'impression d'être ridicule
dans leurs souliers
dans leur smoking
dans leur plastron
dans leur faux-col
dans leur monocle
dans leur melon

J'ai l'impression d'être ridicule
avec mes orteils qui ne sont pas faits
pour transpirer du matin jusqu'au soir qui déshabille
avec l'emmaillotage qui m'affaiblit les membres
et enlève à mon corps sa beauté de cache-sexe

J'ai l'impression d'être ridicule
avec mon cou en cheminée d'usine
avec ces maux de tête qui cessent
chaque fois que je salue quelqu'un

J'ai l'impression d'être ridicule
dans leurs salons
dans leurs manières
dans leurs courbettes
dans leur multiple besoin de singeries

J'ai l'impression d'être ridicule
avec tout ce qu'ils racontent
jusqu'à ce qu'ils vous servent l'après-midi
un peu d'eau chaude
et des gâteaux enrhumés

J'ai l'impression d'être ridicule
avec les théories qu'ils assaisonnent
au goût de leurs besoins
de leurs passions
de leurs instincts ouverts la nuit
en forme de paillasson

J'ai l'impression d'être ridicule
parmi eux complice
parmi eux souteneur
parmi .eux égorgeur
les mains effroyablement rouges
du sang de leur ci-vi-li-sa-tion

LIMBÉ

Pour Robert Romain

Rendez-les-moi mes poupées noires
   qu'elles dissipent
   l'image des catins blêmes
   marchands d'amour qui s'en vont viennent
   sur le boulevard de mon ennui

Rendez-les-moi mes poupées noires
   qu'elles dissipent
   l'image sempiternelle
   l'image hallucinante
   des fantoches empilés féssus
   dont le vent porte au nez
   la misère miséricorde

   Donnez-moi l'illusion que je n'aurai plus à contenter
   le besoin étale
   de miséricordes ronflant
   sous l'inconscient dédain du monde

Rendez-les-moi mes poupées noires
    que je joue avec elles
    les jeux naïfs de mon instinct
    resté à l'ombre de ses lois
    recouvrés mon courage
    mon audace
    redevenu moi-même
    nouveau moi-même
    de ce que Hier j'étais
    hier
       sans complexité
                    hier
    quand est venue l'heure du déracinement

Le sauront-ils jamais cette rancune de mon cœur
A l'œil de ma méfiance ouvert trop tard
ils ont cambriolé l'espace qui était le mien
    la coutume
    les jours
    la vie
    la chanson
    le rythme
    l'effort
    le sentier
    l'eau
    la case
    la terre enfumée grise
    la sagesse
    les mots
    les palabres
    les vieux
    la cadence

les mains
la mesure
les mains
les piétinements
le sol

Rendez-les-moi mes poupées noires
mes poupées noires
poupées noires
noires
noires

LA COMPLAINTE DU NÈGRE

Pour Robert Goffin

Ils me l'ont rendue
la vie
plus lourde et lasse

Mes aujourd'hui ont chacun sur mon jadis
de gros yeux qui roulent de rancœur
de honte

Les jours inexorablement
tristes
jamais n'ont cessé d'être
à la mémoire
de ce que fut
ma vie tronquée

Va encore
mon hébétude
du temps jadis
de coups de corde noueux
de corps calcinés
de l'orteil au dos calcinés
de chair morte
de tisons
de fer rouge
de bras brisés
sous le fouet qui se déchaîne
sous le fouet qui fait marcher la plantation
et s'abreuver de sang de mon sang de sang la sucrerie
et la bouffarde du commandeur crâner au ciel.

SI SOUVENT

Si souvent mon sentiment de race m'effraie
autant qu'un chien aboyant la nuit
une mort prochaine
quelconque
je me sens prêt à écumer toujours de rage
contre ce qui m'entoure
contre ce qui m'empêche
à jamais d'être
un homme

Et rien
rien ne saurait autant calmer ma haine
qu'une belle mare
de sang
faite
de ces coutelas tranchants
qui mettent à nu
les mornes à rhum

S. O. S.

A ce moment-là seul
comprendrez-vous donc tous
quand leur viendra l'idée
bientôt cette idée leur viendra
de vouloir vous en bouffer du nègre
à la manière d'Hitler
bouffant du juif
sept jours fascistes
sur
sept

A ce moment-là seul
comprendrez-vous donc tous
quand leur supériorité
s'étalera
d'un bout à l'autre de leurs boulevards
et qu'alors
vous les verrez
vraiment tout se permettre
ne plus se contenter de rire avec l'index inquiet
de voir passer un nègre
mais
froidement matraquer
mais
froidement descendre

mais
froidement étendre
mais froidement
matraquer
descendre
étendre
et
couper leur sexe aux nègres
pour en faire des bougies pour leurs églises

POUR SÛR

Pour sûr j'en aurai
marre
sans même attendre
qu'elles prennent
les choses
l'allure
d'un camembert bien fait

Alors
je vous mettrai les pieds dans le plat
ou bien tout simplement
la main au collet
de tout ce qui m'emmerde en gros caractères
colonisation
civilisation
assimilation
et la suite

En attendant
vous m'entendrez souvent
claquer la porte

BIENTÔT

Bientôt
je n'aurai pas que dansé
bientôt
je n'aurai pas que chanté
bientôt
je n'aurai pas que frotté
bientôt
je n'aurai pas que trempé
bientôt
je n'aurai pas que dansé
chanté
frotté
trempé
frotté
chanté
dansé
      Bientôt

NUIT BLANCHE

Pour Sonia et Georges Gavarry

Mes amis j'ai valsé
valsé comme
jamais mes ancêtres
les Gaulois
au point que j'ai le sang
qui tourne encore
à la viennoise

Mes amis j'ai valsé
valsé toute mon enfance
vagabondant sur
quelque Danube bleu
Danube blanc
Danube rouge
Danube vert
Danube rose
Danube blanc
rouge
vert
rose
au choix

Mes amis j'ai valsé
valsé
follement valsé
au point que souvent
souvent
j'ai cru tenir la taille
de tonton Gobineau
ou de cousin Hitler
ou du bon aryen qui mâchonne sa vieillesse
sur quelque banc de square

BLANCHI

Pour Christiane et Alioune Diop

Se peut-il donc qu'ils osent
me traiter de blanchi
alors que tout en moi
aspire à n'être que nègre
autant que mon Afrique
qu'ils ont cambriolée

Blanchi

Abominable injure
qu'ils me paieront fort cher
quand mon Afrique
qu'ils ont cambriolée
voudra la paix la paix rien que
la paix

Blanchi

Ma haine grossit en marge
de leur scélératesse
en marge
des coups de fusil
en marge
des coups de roulis
des négriers
des cargaisons fétides de l'esclavage cruel

Blanchi

Ma haine grossit en marge
de la culture
en marge
des théories
en marge des bavardages
dont on a cru devoir me bourrer au berceau
alors que tout en moi aspire à n'être que nègre
autant que mon Afrique qu'ils ont cambriolée

PAREILLE À LA LÉGENDE

Des cheveux que je lisse
que je relisse
qui reluisent
maintenant qu'il m'en coûte
de les avoir crépus

Dans une longue carapace de laine
mon cou s'engouffre
la main s'énerve
et mes orteils se rappellent
la chaude exhalaison des mornes

Et mon être frigorifié

Et becs de gaz
qui rendent plus tristes
ces nuits au bout desquelles
occidentalement
avance mon ombre
pareille à ma légende
d'homme-singe

RAPPEL

Pour Richard Danglemont

Il est des choses
dont j'ai pu n'avoir pas perdu
tout souvenir

Et brimades en bambou
pour toute mangue tombée
durant l'indigestion
de tout morceau d'histoire de France

Et flûte

Flûte de roseau
jouant sur les mornes des airs d'esclaves
pendant qu'aux savanes
des bœufs sagement ruminent
pendant qu'autour
des zombies rôdent
pendant qu'ils éjaculent
les patrons d'Usine
pendant que le bon nègre
allonge sur son grabat dix à quinze heures d'Usine

SHINE

Pour Louis Armstrong

Avec d'autres
des alentours
avec d'autres
quelques rares
j'ai au toit de ma case
jusqu'ici gardé
l'ancestrale foi conique

Et l'arrogance automatique
des masques
des masques de chaux vive
jamais n'est parvenue à rien enlever jamais
d'un passé plus hideux
debout
aux quatre angles de ma vie

Et mon visage brille aux horreurs du passé
et mon rire effroyable est fait pour repousser le spectre des
[lévriers traquant le marronnage
et ma voix qui pour eux chante
est douce à ravir
l'âme triste
de leur por-
                no-
                    gra-
                        phie
Et veille mon cœur
et mon rêve qui se nourrit du bruit de leur
dé-
    gé-
        né-
            rescence
est plus fort que leurs gourdins d'immondices
brandis

SAVOIR-VIVRE

Pour Etienne Zabulon

On ne bâille pas chez moi
comme ils bâillent chez eux
avec
la main sur la bouche

Je veux bâiller sans tralalas
le corps recroquevillé
dans les parfums qui tourmentent la vie
que je me suis faite
de leur museau de chien d'hiver
de leur soleil qui ne pourrait
pas même
tiédir
l'eau de coco qui faisait glouglou
dans mon ventre au réveil

Laissez-moi bâiller
la main
là
sur le cœur
à l'obsession de tout ce à quoi
j'ai en un jour un seul
tourné le dos

REGARD

Pour Jacques Howlett

Quand sur le tard
quand sur le tard mes yeux
mes yeux se brideront

Quand sur le tard
quand sur le tard j'aurai
de faux yeux de Chinois

Quand sur le tard
quand sur le tard
tout m'aura laissé
tout m'aura laissé jusqu'à la théorie
jusqu'à la théorie choir

Quand sur le tard
quand sur le tard
suivra la pente
suivra la pente le bâton
qui soutient les vieux corps

M'achèterez-vous
m'achèterez-vous dites
des fleurs
que sais-je
pour qu'au bistrot de l'angle
pour qu'au bistrot de l'angle
j'aille
ranimer l'âtre
d'un grand verre de bordeaux

RÉALITÉ

De n'avoir jusqu'ici rien fait
détruit
bâti
osé
à la manière
du Juif
du Jaune
pour l'évasion organisée en masse
de l'infériorité

C'est en vain que je cherche
le creux d'une épaule
où cacher mon visage
ma honte
de
   la
     Ré
       a
        li
          té.

ILS ONT

Ils ont si bien su faire
si bien su faire les choses
les choses
qu'un jour nous avons tout
nous avons tout foutu de nous-mêmes
tout foutu de nous-mêmes en l'air

Qu'ils aient si bien su faire
si bien su faire les choses
les choses
qu'un jour nous ayons tout foutu
nous ayons tout foutu de nous-mêmes
tout foutu de nous-mêmes en l'air

Il ne faudrait pourtant pas grand'chose
pourtant pas grand'chose
grand'chose
pour qu'en un jour enfin tout aille
tout aille
aille
dans le sens de notre race à nous
de notre race à nous

Il ne faudrait pourtant pas grand'chose
pourtant pas grand'chose
pas grand'chose
pas grand'chose

DES BILLES POUR LA ROULETTE

Rien que pour le fonctionnement
d'usines à canons
obus
balles
la guerre
elle
elle va bientôt venir
s'enivrer encore à la marseillaise
de chair fumante

Et chaque Creusot
travaillera des nuits
des fours à bloc

Et tous les Schneiders
s'empliront les poches de billes
pour la roulette
grâce au fonctionnement nouveau
d'usines à canons
obus
balles
venue la guerre
s'enivrer encore à la marseillaise
de chair fumante

SUR UNE CARTE POSTALE

Passe pour chaque coin recoin de France
d'être
un Monument aux Morts

Passe pour l'enfance blanche
de grandir dans leur ombre mémorable
vivant bourrage de crâne
d'une revanche à prendre

Passe pour le crétin d'Allemand
de se promettre d'avoir la peau du Français
et d'en faire
des sauts de lits

Pour le crétin de Français
de se promettre d'avoir la peau de l'Allemand
et d'en faire des sauts de lit

Passe pour tout élan patriotique
à la bière brune
au pernod fils
mais quelle bonne dynamite
fera sauter la nuit
les monuments comme champignons
qui poussent aussi
chez moi

ET CÆTERA

Devant la menace allemande, les Anciens Combattants Sénégalais adressent un câblogramme d'indéfectible attachement. (LES Journaux.)

Aux Anciens Combattants Sénégalais
aux Futurs Combattants Sénégalais
à tout ce que le Sénégal peut accoucher
de combattants sénégalais futurs anciens
de quoi-je-me-mêle futurs anciens
de mercenaires futurs anciens
de pensionnés
de galonnés
de décorés
de décavés
de grands blessés
de mutilés
de calcinés
de gangrenés
de gueules cassées
de bras coupés
d'intoxiqués
et patati et patata
et cætera futurs anciens

Moi
je leur dis merde
et d'autres choses encore

Moi je leur demande
de remiser les
coupe-coupe
les accès de sadisme
le sentiment
la sensation
de saletés
de malpropretés à faire

Moi je leur demande
de taire le besoin qu'ils ressentent
de piller
de voler
de violer
de souiller à nouveau les bords antiques
du Rhin

Moi je leur demande
de commencer par envahir le Sénégal

Moi je leur demande
                    de foutre aux « Boches » la paix

NÉVRALGIES

POUR QUE TOUT SOIT EN TOUT

Pour que tout soit en tout
recrée le rêve du dormeur éveillé
jour après jour
pierre à pierre projetée
à partir de la première posée
de main de maître d'œuvre
voici
voici que s'étire
voici que s'étage
voici que prend forme
dans la nuit des temps perdus proches
voici
voici debout
recrée le rêve du dormeur éveillé
jour après jour
pierre à pierre projetée
à partir de la première posée
de main de maître d'œuvre
pour que tout soit en tout

MON CŒUR RÊVE
DE BEAU CIEL PAVOISÉ DE BLEU
sur une mer déchaînée
contre l'homme
l'inconnu à la barque
qui se rit au grand large
de mon cœur qui toujours rêve
rêve et rêve
de beau ciel
sur une mer de bonheurs impossibles

CROYEZ-M'EN

Croyez-m'en
comme admet sans mal de mourir
le matin mauve
du Mahury mien
à marée montante
ou basse
rien ne manque
rien assurément ne manque
au miroir déformant où se meut à merveille
ce monde
malgré moi mien

Croyez m'en
si le voulez
rien assurément ne manque
hormis la mémoire muette
de mes amis morts en celui qui avait nom Robert

Robert DESNOS

IL ME SOUVIENT ENCORE

de l'année foutue
où j'eusse
pu
tout aussi bien sucer
et le pouce
et l'index
du sorcier en soutane
au lieu de l'avaler l'hostie
ma foi mon dieu
mains jointes

GRAND COMME UN BESOIN DE CHANGER D'AIR

Grand comme un besoin de changer d'air
pour le plaisir d'en finir avec un dilemme
au surcroît double

    être ou pas
    être ou paraître
    tout à la fois hier
    et aujourd'hui
    ce jour d'hui déjà demain

Beau comme
comme une rose
dont la Tour Eiffel assiégée à l'aube
voit s'épanouir enfin les pétales
dans le flonflon d'un 14 juillet de Roi
à guillotiner ou encore à pendre
au carrefour de la République
toujours à naître

Fort comme l'accent aigu d'un appel
dans la nuit longue
et longue
laché le mot
un signe

SUR LE SEIN

bel et bien
flasque
d'un luxe
de maquillage
défait
je me suis réveillé
au tout petit matin
je me suis réveillé blême
de dépit

IL N'EST POINT DE DÉSESPOIR

Il n'est point de désespoir si fort soit-il
qui ne trouve au carrefour sa mort à l'aube
et bien parce qu'il n'est point de désespoir
qui ne trouve au carrefour sa mort à l'aube
l'écho avec son œil mauvais
la langue saburrale
a bel et bien tort
de prendre
cet air entendu quelque part
et de répéter à tout venant tout vent
trop tard

      trop tard

Car
l'écho que j'ai à l'œil
de vouloir se donner l'air
d'avoir l'œil mauvais
et la langue saburrale
ignore
que le désespoir est mort à l'aube

ELLE S'EN VINT

et s'en vint
d'Elle-même
et seule un soir
rôder un soir
autour de ma détresse
de chien tout fou
de chien tout-nu
de chien tout chien
chien de chien
chien
tout fou
tout nu

Ainsi
     sans plus
          naquit
              le drame

NUL NE SE RAPPELLE AVOIR VU

Nul ne se rappelle avoir vu
nul se rappelle avoir vu d'une vie d'homme
l'amour attendre au soleil l'arme au pied
croquant d'impatience
des points d'interrogation à la file
des points d'interrogation à la file et en forme de petits fours
comme
nul ne rappelle avoir vu de mémoire d'homme
et à la nuit proche
la sentinelle en relève
livrer mal le mot de passe
pourtant si simple

> *Mange ses meurtrissures*
> *qui mange mieux que mangue mûre*
> *mais mangue tombée*

blip

Il est vrai me direz-vous
et j'en conviens
qu'il n'en est pas de même du manguier qui se moque

de ce que nul se rappelle avoir vu de mémoire d'homme
l'amour attendre au soleil l'arme au pied
croquant d'impatience
des points d'interrogation à la file
des points d'interrogation à la file et en forme de petits fours
ou
comme à la nuit proche
la sentinelle en relève
livrant mal le mot de passe
pourtant si simple

Mange ses meurtrissures
qui mange mieux que mangue mûre
mais mangue tombée

blip

COMME UN ROSAIRE

s'égrène
pour le repos
d'une âme
mes nuits
s'en vont par cinq
dans un silence
de monastère
hanté

IL NE FAIT PAS L'OMBRE D'UN DOUTE

Il ne fait pas l'ombre d'un doute
qu'une fois de plus la question
aura été bien mal posée
de savoir
quand

Et parce qu'il ne fait pas l'ombre d'un doute.
qu'une fois de plus la question
aura été bien mal posée
de savoir
quand

il était à prévoir autant qu'à redouter
qu'Elle répondrait
quoi

à la question bien mal posée
de savoir
quand

Alors chien battu
penaud et cois
je me suis bien gardé
de demander

    où

LES VAGISSEMENTS

du Petit-de-l'Homme
qui pourra étrangler à jamais
bombarder à la main
la tristesse
le dépit
la haine qui aime
la haine
et l'amour qui hait
l'amour

Vous arrive-t-il d'entendre
les vagissements
du Petit-de-l'Homme
qui pourra étrangler à jamais
bombarder à la main
la tristesse
le dépit
l'amour qui hait
la haine qui aime
de tristesse
de dépit

BOUCLEZ-LA

Bouclez —
   la
muselez —
   la
fermez —
   la
   vous toutes
   avec
   vos guilleris de moinesses
   avec
   vos gloussements
   de nonnes refoulées
   qui voulez l'être
   souhaitez l'être
   priez dieu pour l'être
   de tout votre être

   Bouclez-la
   muselez-la
   fermez-la

   Un mot
   un seul de plus
   et je
   et je vous

et je vous vi
et je vous vi-o-le
et je vous viole à la cousin germain D'CHIMBO
le ROUN'GOU
dont la terreur invisible
berçait à la nuit tombée
naguère encore
les filles impubères
de mon Pays

Paix-là
je dis bien paix-là
sur cette faim atroce
que j'ai d'Elle
de la seule Elle
et d'Elle seule

Paix-là
je dis
je redis paix-là
sur cette soif que j'ai d'Elle
Elle
mon lait de corossol qui lave
tout relent de nuit blanche

Paix-là
je dis
je redis paix-là
sur ce désir que j'ai d'Elle
Elle
mon Ile
de rose-Cayenne

D'AVOIR CRU UN INSTANT

un instant cru
à la main dégantée
à la main dégantée au printemps
au printemps né
né de la magie
de la magie du rythme
la meute édentée
scrofuleuse
et
borgne
a crié sus
à mon cœur de fou sans haine

POURQUOI

grands dieux
pourquoi pourquoi
faut-il que tout se chante
fût-ce
l'amour
à tout jamais soudain
d'une pureté d'albâtre

FOI DE MARRON

Foi de marron
non de marrons qui se mangent
de marrons qui réchauffent les mains roides
au carrefour des hivers soudain revenus

Foi de marron
de marron qui mange à sa faim
un boucané de lévrier que savaient si bien savourer
les boucaniers aux lévriers dressés lâchés contre la fièvre
[de nos pigments

Foi de marron
et parole d'évangile
en vérité en vérité
je vous le dis à vous
à vous qui en savez plus long sur nous deux qui n'en
[espérions pas tant de vous

chers frères et sœurs
    cousins cousines
    amis amies
je dis bien *amizamies*
et si le cœur vous en dit

je dis *mézamies*
avec un rien d'intonation
un rien d'inclination
un rien d'accent
un rien d'humour
un rien de sel
un de ces riens
si proprement
si pleinement
si gentîment
si joliment
si bellement
créoles

Mézamies
je ne dis pas *zami-zamies*
fermée à peine ouverte la parenthèse sur la chose
si proprement
si pleinement
si gentîment
si bellement créole que le soit le mot et non la chose
et Dieu nous garde
de toute tentation libidineuse
même créole

Foi de marron
il est faux de dire à ceux qui n'en savent rien
autant que vous qui en savez long sur nous deux qui n'en
il est faux de dire   [espérions pas tant de vous
qu'ELLE les avait prises
par surprise

un soir où je m'en étais allé
à la recherche de mon ombre égarée en quelque coin perdu
la veille de l'avant-veille de la seule veillée valable et vraie
de ma mort en série
ELLE
elle avait eu par devers elle à mon insu de temps immé-
les clefs de la clé du Royaume   [moriaux
Et
parce qu'ELLE les avait eues
parce qu'ELLE avait eu par devers ELLE à mon insu de
les clefs de la clé du Royaume   [temps immémoriaux
qu'elle n'avait nullement prises
par surprise
un soir où je m'en étais allé
à la recherche de mon ombre égarée en quelque coin perdu
la veille de l'avant-veille de la seule veillée valable et vraie
de ma mort en série
clefs en main
je l'ai vue un matin s'en aller
clefs en main
je l'ai vue s'en aller
sans la clé

PARDONNE À DIEU QUI SE REPENT

de m'avoir fait
une vie triste
une vie rude
une vie âpre
une vie dure
une vie
vide

car

à l'orée du Bois
sous lequel nous surprit
la nuit d'avant ma fugue afro-amérindienne
je t'avouerai sans fards
tout ce dont en silence
tu m'incrimines

D'OÙ VIENT QUE

D'où vient que non contente
d'avoir de l'Autre
les yeux
tu aies
parfois de l'Autre
les lèvres
d'un beau couleur de chair de sapotille
mûrie
cueillie
sur pied
et veloutée à souhait

D'où vient
d'où vient-il
que tu en aies
et les yeux
et les lèvres
et la couleur
et la chair de sapotille
dont la saveur en EXIL m'obsède tant

JE NE SAIS RIEN EN VÉRITÉ

rien de plus triste
de plus odieux
de plus affreux
de plus lugubre au monde
que d'entendre l'amour
à longueur de journée
se répétant à messe basse

Il était une fois
une femme vint
une femme vint à passer
dont les bras étaient chargés de roses

VOUS DONT LES RICANEMENTS

d'obscur couloir d'air
me donnent
la chair de poule

Vous dont le visage
bouffi rappelle
ce masque qu'empruntait souvent à plaisir
par delà les mornes agrestes
la lune
la lune de mon enfance sordide

Vous dont je sens le cœur
vous dont je sais le cœur
aussi vide
de
tendresse
que les puits de chez nous
d'eau
au dernier carême

Vous dont la présence
proche ou lointaine

énerve ma vie
comme la vieille folle du coin
mon premier sommeil

Vous dont le crime est d'en vouloir
à l'image
qu'il m'a plu
d'avoir un matin
d'Elle

Vous dont les ricanements
vous dont le visage
vous dont le cœur
vous dont la présence
vous dont le crime
Et puis vous tous
enfin vous autres
saisirez-vous jamais un rien même
à ce poème
mon drame

CONTRE NOTRE AMOUR
QUI NE VOULAIT RIEN D'AUTRE

Contre notre amour qui ne voulait rien d'autre
que d'être beau comme un croissant de lune au beau mitan
[du Ciel à minuit
et pur comme le premier ris du nouveau-né
et vrai comme le verbe être
et fort comme la Mort d'où nous vient toute vie

Contre notre amour
qui rêvait de vivre à l'air libre
qui rêvait de vivre sa vie
de vivre une vie
qui ne fut
ni
honteuse
ni lépreuse
ni truquée
ni tronquée
ni traquée
ils ont invoqué NOE
et NOE en appela à SEM
et SEM en appela à JAPHET
et JAPHET s'en remit à NOE

et NOE en appela à MATHUSALEM
alors MATHUSALEM ressortit de l'arsenal
tous les oripeaux
tous les tabous
tous les interdits en fanal rouge

Attention
Ici Danger
Déviation
Chasse gardée
Terrain privé
Domaine réservé
Défense d'entrer
Ni chiens ni nègre sur le gazon

IL N'EN ÉTAIT RIEN

Il n'en était rien
que déjà tu me disais
ta peur
ta grand'peur
de poursuivre
le remous de la nuit première
et surtout le grand tohu-bohu
de la nuit seconde
ébranlés enfin tes sens
et levé à jamais l'interdit du fruit défendu

JE TE VOIS

Je te vois
je te sens
je te veux en tailleur gris
et pourquoi diable mon dieu en tailleur gris
et non plus marron comme tes yeux qui semblaient
parfois invoquer dieu
parfois le diable
jusqu'à ce qu'ils eussent enfin
soumis les miens que tu m'auras souvent dit
toi qui incarnes le diable en diable
être à la fois et ceux de dieu
et ceux du diable

PAR LA FENÊTRE OUVERTE À DEMI

sur mon dédain du monde
une brise montait
parfumée au stéphanotis
tandis que tu tirais à TOI
tout le rideau

Telle
je te vois
te reverrai toujours
tirant à toi
tout le rideau du poème
où
Dieu que tu es belle
mais longue à être nue

PAS D'OMBRES

Pas d'ombres
surtout chinoises
j'entends
j'entends rester seul et
maître
de la rade
seul maître du navire en rade
qui tangue et tangue et tangue
qui danse et danse et danse au Lazaret de mon cœur en
pareil à celui du Christ écrivant sur le sable   [quarantaine
ton nom aux ailes d'or

DÉSIR D'ENFANT MALADE

d'avoir été
trop tôt sevré du lait pur
de la seule vraie tendresse
j'aurais donné
une pleine vie d'homme
pour te sentir
te sentir près
près de moi
de moi seul
seul
toujours près
de moi seul
toujours belle
comme tu sais
tu sais si bien
l'être toujours
après avoir pleuré

TOUTE LA PEINE

Toute la peine
au poids de l'eau que portent
les femmes frêles
de l'Issa-Ber
je l'ai lue en tes yeux
qui n'avaient d'yeux
que pour la peine
au poids de l'eau
qu'à l'épaule portent
les femmes frêles
de l'Issa-Ber

AVEC UN RIEN MÊME DE DÉDAIN

dans le regard ouvert de stupeur
la lune
jaune
ronde
et
belle
semble dire à voix basse
en auront-ils bientôt fini les fous
de mitrailler le Ciel
de s'en prendre aux étoiles
de tonner sans vergogne
contre ces nuits
où j'eusse aimé
dormir
dormir un seul
et long soûl
d'homme ivre
et rêver
rêver encore
tout à l'aise encore
d'ELLE

DEPUIS QUE TE VOICI

Depuis que te voici
sous
verre
comme jamais ne peut dire
s'être à ses yeux
jamais vue aucune autre
si gentiment mise
si tendrement tenue
si jalousement gardée

Depuis
depuis vois-tu
seulement je réalise et sais
tout le prix de l'amour
de mon amour pour toi
mon amour

SOUDAIN D'UNE CRUAUTÉ FEINTE

tu m'as dit d'une voix de regrets faite
tu m'as dit en me quittant hier
tu m'as dit ne pas pouvoir me voir
avant dix à treize jours

Pourquoi treize
et pas quinze
et pas vingt
et pas trente

Pourquoi treize
et pas douze
et pas dix
et pas huit
et pas six
et pas quatre
et pas deux

Pourquoi pas demain
la main dans la main
la main sur le tien
la main sur le mien
la main sur le cœur
de mon cœur qui s'inquiète
et qui déjà redoute
d'avoir un beau jour
à t'attendre en vain

QUI POURRAIT DIRE

Qui pourrait dire
si ce n'est mort-né
l'autre moi-même

Qui pourrait dire
qu'en ce jour anniversaire
j'eusse à célébrer l'absence
de toi mon double

Qui pourrait dire
si ce n'est toi
autre moi-même
réincarné mon double
mort-né

Qui pourrait dire si ce n'est toi dire
tout le regret mis dans le choix des mots
accompagnant des roses rouges
pour tuer la solitude
lasse de voir l'aube
se refuser à blanchir le jour nouveau

TOUTE À CE BESOIN D'ÉVASION

enfin satisfait
après avoir dès mois durant
si habilement
su le cacher

Toute à la joie folle
de te donner nue
de te donner toute
au soleil dru
d'Août

Toute à l'illusion
d'être
enfin libérée
d'un amour qui te pèse à la longue

Toute enfin à cette Côte d'Azur
pas trop tôt recouvrée
pas trop tôt retrouvée
et à laquelle
maintenant t'attachent
des instants de bonheur à t'en croire incharnel

Toute à ton besoin
toute à ta joie
toute à l'illusion
toute à cette Côte d'Azur
toute enfin à toi-même
et seule
et folle
de te donner nue
de te donner toute
au soleil dru
d'Août

Mais rien
mais encore rien
mais encore toujours rien
et rien à mon casier d'hôtel
si ce n'est
pauvre pendu
la clef qui se balance
la clef qui s'en balance

SI DEPUIS PEU

Si
  depuis
        peu

je trouve à ta larme en détresse
le goût âcre de l'eau de sang-mêlé des **TROIS FLEUVES**
c'est qu'il est midi pour deux
midi qui ne connaît ni angélus ni crépuscule
midi qui se rit d'avant
midi qui se rit d'après
midi vieux de tant de midis
midi qui échappe à sa propre ombre
midi qui ramène à soi la pirogue aux deux pagayes créoles
midi qui la ramène sur la digue dominant de haut et de loin
l'eau de sang-mêlé des **TROIS FLEUVES**
dont ta larme en détresse a depuis peu
ce goût âcre
que je lui trouve
lui trouverai
aussi longtemps que ne serai point seul
à danser au soleil
debout dans ma triple fierté de sang-mêlé

TU M'AS BEL ET BIEN DIT

Tu m'as dit bel et bien dit
ne plus
ne plus vouloir
ne plus vouloir être *ma chose*
pour l'avoir été
pour l'avoir été l'avoir été si peu
si peu
au point que le Ciel qui s'aime en son miroir
en est venu lui-même à s'interroger de doute

A mon tour
A mon tour de dire
toujours
toujours tu seras *ma chose*
quand bien même
tu croirais
tu croirais pouvoir dire
bel et bien dire
l'avoir été
l'avoir été si peu si peu
Car las de s'interroger de doute
le Ciel qui s'aime tant en son miroir en est venu à prophétiser
à tout vent
Quoique tu fasses

où que tu sois
quoique tu veuilles
et surtout
quoique l'on dise
quoique l'on fasse
quoique l'on veuille
et dise
et fasse
et veuille
tu seras *ma chose*

Car fut-il nazaréen et nègre de surcroît
mon Dieu mien dont nul être au monde
n'eût à porter la Croix

Mon Dieu mien qui de mémoire mienne
jamais ne fut traqué
jamais persiflé
jamais hué
ni
cru
ci
fié
pour avoir à la passion
aimé à la fois
Marthe
Marie-Magdeleine
et Véronique

Mon Dieu mien
magnifié en tout ce qui vibre
magnifié en tout ce qui vit

Mon Dieu mien
que l'on invoque
non pas à genoux
les yeux faussement baissés
les mains menteusement jointes

Mon Dieu mien
que l'on invoque
dans la joie de l'amour
dans l'amour de la joie
dans l'amour de la vie
dans la vie de l'amour

Mon Dieu mien
qui se rit
de l'encens et des ors
et qui se rit
de cette grande lithurgie de mots

Mon Dieu mien
dont le corps ni le sang
ne sont à prendre à jeun
en hostie blanche
en vin de messe

Mon Dieu mien
n'en prie pas moins
pour que vive l'amour
pour que vive notre amour

TU NE SAURAS JAMAIS COMBIEN

depuis depuis
je la sens
sur mon cœur
s'appesantir
ta tête
ta tête
que mes mains
seraient maintenant
mal venues à chérir
depuis depuis

TOUJOURS TU VIENDRAS

Toujours tu viendras
comme tu es venue
quand bien même
je serais
à l'autre bout du Monde
toujours tu viendras
comme tu es venue
chasser la fièvre
de mon front brûlant
de tes mains
qui fleuraient le jasmin
mais combien moites
d'effroi
. . . .

Quand bien même je serais au bout du Monde
toujours tu viendras
passée la ligne

QUAND MALGRÉ MOI

bien malgré moi je pense
qu'au bras d'un autre
tu dors
alors
ma tête entre mes mains brûlantes
alors mon cœur mon cœur
mon cœur malade
alors seulement je réalise
l'horreur
la pleine horreur
la laideur
toute la laideur
d'une vie étrange et mienne
murs bleus
murs nus
murs blancs d'hôtel gris
murs nus d'hôtel gris
qu'emplit l'écœurement
d'un éreintant tic-tac
mais
qu'importe
puisque
malgré bien malgré moi je pense qu'au bras d'un autre
tu dors comme
comme heureuse et calme
l'eau
dort

INSTALLÉE

Installée depuis peu
de plain-pied dans la mort de l'amour
la vie
louche à l'aise
tantôt à la Seine
tantôt aux ciels de lit
tantôt à un grand bain de sang
tantôt au premier grand bois venu
tantôt à l'autobus pressé d'en finir au passage
tantôt à quelque poudre ou arme blanche comme la Mort

TOUJOURS CES MOTS

toujours les mêmes
dont il ne semble pas
qu'elle ait encore
jamais
saisi sur l'heure
toute
l'inutile
cruauté

N'EN FAISONS RIEN

N'en faisons rien
mais rien
et rien
veux-tu

Il ne servirait de rien
il ne servirait à rien
à rien de rien
de prendre à témoin le Ciel
témoin de ce que nous ayons
l'un et l'autre
d'un seul et même cœur
par trop léger
précipité le temps mort qui tardait à venir

AIMER TOUT COMME HIER

que sans frapper
elle ouvre
entre
comme
jamais personne
d'autre

c'est encore attendre
des heures
de longues heures
en sifflotant
toujours le même air de fou
debout
contre la vitre embuée
où montent
le bruit lourd
l'odeur du jour qui va finir

A VOULOIR SONDER DE PRÈS LA NUIT

A vouloir sonder de près la nuit de son désarroi
ou de sa vérité
un fou ricane
de nous voir
nous savoir
parvenus avant terme
au pied de la Muraille de Chine

Et la nuit
la nuit du fou qui ricane en écho
de se voir sonder de près
hurle au fou
et son désarroi
et sa vérité
    terminal
       terminus
          terminée
            la comédie à quatre

Pour une tapisserie de Jacques Lagrange

ET MAINTENANT

maintenant vois-tu
maintenant vois-tu que les étoiles
en sont venues à filer
à un vrai train de chauffard

Inutile d'implorer

l'existence de Dieu
se fait plus que jamais
problématique

passé minuit
minuit passé
passé minuit

Inutile d'insister

Radio-Radio
n'émettra

ni
le Boléro
ni
les Ballets russes

Du geste large de semeur

Inutile à distance
d'empoisonner la Mer
la pieuvre invulnérable
renaît toujours d'elle-même

Entre nous
pas de cadavres

Inutile d'évoquer
la tendresse
des élans
de Naguère

Et surtout
une fois pour toutes
tiens-le pour dit
     de bon
tiens-le toi pour dit
     de vrai
tiens-le pour dit
     de sûr
et ceci toujours
toujours entre guillemets

AVANT LA NOCE ON AFFÛTE LES COUTEAUX

Inutile
de vouloir après-coup
de vouloir à tout coup
de vouloir à tout prix
soulever à tout prix le MONDE

Le Monde a vois-tu
bien d'autres choses en tête
que de s'attendrir sur un fruit mûr piqué des vers
sur des amours frappées à l'origine à mort du doute amer

TANDIS QU'IL AGONISE

sans peur
sans prêtre
plus blanc que drap
plus essoufflé qu'un train qui entre en gare
d'un fabuleux parcours
l'amour râle un poème
comme d'autres
confient un dernier acte

Et
d'eux-mêmes
les vers
s'inscrivent
au fronton du mausolée marmoréen
debout à l'image agrandie
de ce qui fut
au rythme d'une nuit
afro-cubaine

PARCE QUE LA COMÉDIE

Parce que la comédie
qui veut que deux et deux fassent
non pas quatre
mais bel et bien trois
tandis que sur la scène au rideau blanc baissé
se déroule
le drame de diaconesses
luttant bouche à bouche avec la mort de l'un des trois
à jamais seul
il ne pouvait venir
même à vol d'oiseau-mouche
ni arums
ni poinsettias
qui font de l'avenue menant de Pétionville à Kenscoff une
                                            [vallée frileuse

Il n'est venu
ni arums
ni poinsettias
mais il est venu à Reuilly
dans le clair obscur de septembre drapé en diaconesses
luttant bouche à bouche avec la Mort de l'un des trois à
à jamais seul
                                            [jamais
il est venu comme naguère à Clamart
il est venu une gerbe de roses rouges
puis
une brassée de primevères

JE PENSE AU SALUT DE L'AMOUR DANS LA FUITE

loin de matins à poubelles
loin de crachats gelés l'hiver
loin d'un soleil de confection
toujours prêt à porter la Mort
loin de matins tendus
à la belle charité chrétienne
loin de tant
et tant de visages de haine
loin de nuages
que nul ne voit s'amonceler
et qui menacent de rompre soudain
le charme de tant de tête-à-tête
endimanchés
joyeux de l'être

QUAND BIEN MÊME

Quand bien même
je t'aimerais mal
en est-ce bien sûr
au point d'en avoir mal
pour sûr
tu sais bien que je t'aime
c'est sûr
au point d'en avoir mal
pour sûr
de t'aimer mal
en est-ce bien sûr
toi qui m'aimes
toi qui m'aimes mal
c'est sûr

TROIS ANS DÉJÀ

farouchement hostile
à tout élan
au moindre épanchement
le cœur n'a plus qu'à se complaire
dans le dur et rude et calme
regret des jours
qu'il eût mieux valu
n'avoir
jamais d'une vie d'homme
vu luire

JEU DE MOTS

Jeu de mots
que de se prétendre attachée
comme elle se dit l'être

Jeu de mots
que de se prétendre
que se dire attachée
autrement qu'à l'un des quatre pieds
du lit breton de nos ébats

jeu
jeu de mots
que de croire
un seul instant
l'amour bleui à point sans martinet

LA MORT DONT JE RÊVE

La mort dont je rêve
la mort dont je rêve tant et tant
et qui rêve elle-même
tant et tant
d'elle-même
à partir du cauchemar
de mes rêves
est déjà mienne
aussi vrai qu'est tien
le droit de survivre à la mort
dont je rêve
tant
et
tant

PARCE QU'UNE JOUE

Parce qu'une joue
en appelle une autre
voici que contre
la mienne
ta joue est là
pour que l'une
et l'autre
en oublient
et pardonnent
toute inutile
violence

IL N'EST PAS DE MIDI QUI TIENNE

et parce qu'il n'a plus vingt ans
mon cœur
ni la dent dure
de petite vieille

pas de midi qui tienne
je l'ouvrirai
pas de midi qui tienne
je l'ouvrirai
pas de midi qui tienne
j'ouvrirai
pas de midi qui tienne
j'ouvrirai la fenêtre
pas de midi qui tienne
j'ouvrirai la fenêtre au printemps
pas de midi qui tienne
j'ouvrirai la fenêtre au printemps que je veux éternel
pas de midi qui tienne

POUR TOI ET MOI

Pour toi et moi
qui ne faisions l'un et l'autre
qu'un seul pris hier encore
au jeu du nœud coulant
à moins que ce ne fût
au nœud coulant du jeu
ou encore au jeu coulant du nœud
voici que chante pour nous deux
la rengaine de l'un sans l'autre
tous deux désormais dos à dos

Dos à dos je ne
dos à dos tu ne
dos à dos je ne sais
dos à dos tu ne sais
je ne
tu ne
nous
nous ne savons l'un l'autre
plus rien de l'un
plus rien de l'autre
si ce n'est ce grand besoin que nous avons l'un l'autre
de ne plus rien savoir de l'un de l'autre
défait

dé-lié
dé-noué
le jeu coulant du nœud
le nœud coulant du jeu
le jeu du nœud coulant

MALGRÉ LES SARCASMES DES UNS

malgré l'indulgence des autres
et au grand dam des uns
et au grand dam des autres
plaise à mon cœur
mis un instant à nu
d'afficher sur les murs
et autres lieux de la Ville
de crier à tue-tête
sur les toits de la Ville
A BAS TOUT
VIVE RIEN

De quoi les uns
de quoi les autres
de quoi les uns les autres
auraient-ils l'air avec
avec tous leurs sarcasmes
avec
avec leur indulgence

SANG SATISFAIT DU SENS ANCIEN DU DIT

Sang satisfait du sens ancien du dit
sang du sans de ton sang de pur sang
sang qui ne s'ignore
sang qui se relève
sang qui se dresse
sang qui se redresse
sang qui se rebelle
sang qui se rebiffe
sang qui se révolte
sang qui se cabre
sang qui regimbe
dans sa fierté blessée

Eau
Eau du Ciel déversée sur le Fleuve
où s'en vint échouer
à l'âge amérindien du Monde
Celle dont tu sais
à souhait
restituer l'image

Parce que tu es sang
parce que je suis Eau
est-il à ce point vrai
que l'amour puisse à satiété

en souvenir de nos enfances communes et une
se répéter pour soi et soi seul
la romance du sang
du sang plus riche que l'eau
du sang plus beau que l'eau
du sang plus épais que l'eau

Parce que tu es sang
sang du sang de ton sang
bon sang
de pur sang

Parce que je suis eau
eau du ciel à torrent déversée sur le Fleuve
d'où te vient ce long cri d'alarme
je me sens soudain seul
emmuré vif dans l'angoisse
de la mort silencieuse
de mes nuits d'insomnie
tiraillées de remords

Au pied de ton pardon
je dis ni sang ni eau
mais sang et eau mêlées
car tous deux confondus
nous ne sommes
qu'une même somme
qu'un seul et même sang

JAMAIS PLUS JAMAIS

jamais plus une après-midi chaude sur deux
d'illusions
de rêves
la pâle angoisse
la folle inquiétude
n'auront à se ronger les ongles
d'attendre à la fenêtre qui regardait d'un œil vague
le gazon incliné du jardin sur lequel deux chères choses
                     [pépiaient si tendrement l'amour

Car
jamais plus jamais
jamais plus
une après-midi chaude sur deux
d'illusion
de rêves
la pâle angoisse
la folle inquiétude à se ronger les ongles
d'attendre à la fenêtre
qui regardait d'un œil vague
le gazon incliné du jardin sur lequel deux chères choses
ne verront plus jamais   [pépiaient si tendrement l'amour
jamais plus s'en venir le doux sourire des roses rouges

TANT DE VIES

Tant de vies
Tant de vies en une seule
gachées

Tant d'assiettes
tant d'assiettes
échouées
sous l'évier du drame
que l'homme fut seul à porter
à l'origine de toutes choses
dans le faux jour
dans le faux jour de la dernière invite

IL N'EST PLUS BEL HOMMAGE

Il n'est plus bel hommage
à tout ce passé
à la fois simple
et composé
que la tendresse
l'infinie tendresse
qui entend lui survivre

CITEZ-M'EN

Citez-m'en
citez-m'en un
citez-m'en un
un seul de rêve
qui soit allé
qui soit allé
jusqu'au bout du sien propre

PIGMENTS

NÉVRALGIES

Achevé d'imprimer par   Corlet, Imprimeur, S.A.
14110 Condé-sur-Noireau (France)
N° d'Imprimeur : 10516 - Premier dépôt légal : 3ᵉ trimestre 1972 - Dépôt légal : mai 1995
Imprimé en C.E.E.